Hipnose

leer hipnotiseer

stap vir stap

Arnold Buzdygan

arnold@buzdygan.com

INHOUDSOPGAWE

HOOFSTUK I.

ALGEMENE NUUS

1. Definisie van hipnose.

2. Mites en wanopvattings en werklikheid.

3. Skadelikheid van hipnose.

4. Vatbaarheid vir hipnose.

5. Die diepte van die trans.

* Beskrywende skaal.

* Davis en Man se punteleer

6. Toetse vir vatbaarheid vir voorstelle.

* Gebalde handtoets.

* Toets van ligte hande.

* Val muntstuk toets.

HOOFSTUK II

LEIDENDE TEGNIEK

WTRANS

7. Aanvanklike onderhoud.

8. Reël die gehipnotiseerde persoon.

9. Benadering tot hipnotiseerders.

10. Tipes tegnieke.

11. Baggerinduksie.

12. Post-hipnotiese voorstelle.

13. Om uit 'n beswyming te kom.

14. Koffie op die bankie of voorbeelde van transies.

DIE LINKERHANDSTEGNIEK

OOGSTELTEGNIEK

STRADIESE TEGNIEK

HOOFSTUK III

HIPNOSE OP PRIVAAT

15. Die keuse van 'n skedule.

16. Persoonskeuse.

17. Keuse van metode.

18. Hoe om die vertoning te kry.

* In 'n ligte beswyming.

* In 'n medium trans.

* In 'n diep trans.

19. Wat om nie te doen nie.

HOOFSTUK IV

LEER IN HIPNOSE EN SELFHIPNOSE

20. Voordele van leer in hipnose.

21. Selfhipnose.

* Selfinduksie in hipnose (selfhipnose).

22. Leer onder hipnose.

* Selfstudie.

* Kollektiewe leer.

HOOFSTUK V

STryd TEGEN VERSLAWINGS

23. ALKOHOLISME.

24. NIKOTINISME

25. Vir jammerte

HOOFSTUK VI

Vriendelike aantekeninge

26. WAARSKUWINGS.

27. OPMERKINGS EN WENKE.

WAT IS GOED OM TE LEES ...

Definisie van hipnose.

Baie navorsers het oor hipnose gepraat, baie teorieë, hipoteses en definisies is ontwikkel, maar nie een daarvan word deur alle geneeshere aanvaar nie. Die situasie is dus die gevolg van die feit dat die verskynsels wat by hipnose voorkom ook in ander bewussynstoestande voorkom, en daar is dus geen eenduidige fisiologiese determinant wat die voorkoms van die verskynsel sal waarborg nie. Die meeste wetenskaplikes neem die volgende term vir hipnose aan:

"Hipnose is 'n toestand van veranderde aandag in 'n onderwerp wat deur 'n ander persoon veroorsaak kan word of spontaan kan verskyn, waarin verskillende reaksies van die onderwerp spontaan kan ontstaan of as reaksie op verskillende stimuli."

Vandag is baie spesialiste van mening dat hipnose een van die outonome bewussynstoestande is (wat saam met die wakker en slaaptoestande voorkom) en dat dit in enige mens onder die regte toestande kan voorkom - soos byvoorbeeld slaap kan op die ongunstigste oomblik plaasvind onder die invloed van uiterste uitputting. .

Die aanvaarding van so 'n term van hipnose het die navorsing daaroor baie vergemaklik , omdat dit dit "gedemoneer" het. Dit het ook moontlik gemaak om te verstaan waarom verskillende hipnotiseerders, selfs met behulp van dieselfde tegnieke, verskillende effekte by hierdie selfgehypnotiseerde mense bewerkstellig . Maar ek sal meer daaroor skryf in 'n ander hoofstuk.

Mites en wanopvattings en werklikheid.

Mite 1 - Onwaar

Hipnose is iets van parapsigologie, 'n bonatuurlike verskynsel wat geen wetenskaplike bevestiging het nie.

Waarheid: Hipnose is wetenskaplik geverifieer en word gebruik in medisyne, wetenskap en selfs polisiewerk.

Mite 2 - Onwaar

'N Hipnotiseur is 'n persoon met bonatuurlike krag.

Waarheid: Enigiemand wat 'n bietjie slim is, kan 'n hipnotiseur word. In een van sy boeke beskryf Wolberg die voorbeeld van 'n paar-jarige meisie wat hipnose geleer het deur 'n film te kyk en dit suksesvol op haar maats van die kleuterskool af probeer het. As gevolg van die gewildheid van hierdie mite, kan dit egter nuttig wees om ' n aura van geheimsinnigheid om jouself te skep om die transmissie van sommige mense te vergemaklik.

Mite 3 - Onwaar

U kan gehipnotiseer word teen u wil.

Waarheid: Enigiemand wat besef dat hulle gehipnotiseer is, kan dit sonder veel probleme daarteen verset . Nietemin kan iemand wat nie bewus is van die hipnose wat op hom toegepas word, gehipnotiseer word nie, maar hier kan nie gesê word dat dit teen sy wil was nie. Boonop kan so 'n gebeurtenis slegs in baie min situasies voorkom. As daar 'n jig van hulle is, sal ek dit in 'n latere hoofstuk verduidelik.

Mite 4 - Onwaar

Die gehipnotiseerde persoon sal al die opdragte van die hipnotiseur volg.

Waarheid: Die gehipnotiseerde persoon, selfs in die diepste beswyming, beheer die situasie onbewustelik en sal nie opdragte volg wat vir homself gevaarlik is of wat met sy standaarde bots nie.

Mite 5 - Onwaar.

Die gehipnotiseerde persoon het bomenslike kragte.

Waarheid: In werklikheid word daar slegs maksimaal gebruik gemaak van al die moontlikhede en verborge reserwes van die liggaam (geestelik, intellektueel en fisies), wat die hipnotiseert bo-menslike krag laat blyk.

'N Soortgelyke verskynsel kom voor onder uiterste spanning, bv.' N man wat van 'n hond weghardloop, ontwikkel spoed wat vir homself onmoontlik lyk.

Mite 6. - Vals jou

'Swak' mense is gehipnotiseer en 'sterk' persoonlikhede is bestand.

Waarheid: Inteendeel. Sterk en goed gebalanseerde persoonlikhede is meer oopkop en is nie bang vir hipnose nie. 'Swak' persoonlikhede is moeiliker om daaraan te swig weens die gevoel van bedreiging.

Mite 7 - Onwaar lewend

Dit is moontlik om nie uit die hipnotiese trans te kom nie

Waarheid: om uit 'n beswyming te breek, is makliker as om gehipnotiseer te word. Al reageer die gehipnotiseerde persoon nie op die opdrag om die beswyming te verlaat nie, sal hy aan die slaap raak as hy alleen agterbly en wakker word sonder die toestand van hipnose.

Skadelikheid van hipnose.

Geen van die studies wat tot dusver uitgevoer is nie, het die skadelikheid van hipnose getoon nie. Dit geld vir die fisiese en geestelike sfere van die mens. Die verskynsel self is absoluut natuurlik en skadeloos in die sin dat dit nie meer en nie minder skadelik is as enige ander interpersoonlike verhouding nie. (Interpersoonlike verhoudings word verstaan as alle openlike, verbale, onderbewuste, fisiese en sielkundige interaksies tussen mense).

U kan dus iemand seermaak, maar u het dieselfde risiko in normale menseverhoudings. Ek wil weereens daarop wys dat die toestand van h en nnose self nie skadelik is nie en dat slegs die voorstelle van die hipnotiseur skadelik kan wees, byvoorbeeld deur onvoorspelbare assosiasies wat spanning veroorsaak.

Verkeerde gebruikte opdragte kan ook skade aanrig, byvoorbeeld wanneer u ongevoeligheid vir pyn toon, kan u nie sê: "U voel nie u hand nie, u voel nie pyn nie ...", want dit kan 'n omgekeerde reaksie veroorsaak en organiese pyn of 'n gevoelloos handontploffing veroorsaak . om ongevoeligheid vir pyn te bereik, dan sal voorstelle soos "... nou vir 'n oomblik nie voel as ek aan jou raak nie, 'n oomblik sal jy nie onaangename sensasies voel nie ...".

U moet dieselfde persoon ook nie te gereeld vir hipnose-sessies gebruik nie, want gewelddadige beswyming veroorsaak ook spanning.

Vatbaarheid vir hipnose.

Die vatbaarheid vir hipnose is die vermoë om 'n hipnotiese trans te betree.

Hipnotiseerders glo dat u hipnose by die oorgrote meerderheid van die bevolking kan veroorsaak . Dit hang hoofsaaklik af van die emosionele toestand van die gehipnotiseerde persoon en baie ander faktore. Dikwels sal dieselfde persoon een keer 'n diepe beswyming betree , en soms slegs vlak of glad nie.

Die teenoorgestelde is ook waar. Iemand wat probleme op hierdie gebied gehad het, raak skielik daarvan ontslae. Terloops, dit is die moeite werd om op te let dat mense wat gehipnotiseer word op die een of ander manier 'leer' om in 'n trans te gaan en dit is elke keer vir hulle makliker. Dit is natuurlik nie 'n reël nie.

Een hipnotiseur (Kratochvil) beweer dat ongeveer 5% van die bevolking heeltemal (om nie permanent te sê nie) ongevoelig is vir hipnose. Ongeveer 25% van die mense kan in die diepste beswyming geplaas word , en die res bereik verskillende tussenstatusse van hipnose.

Sommige hipnotiseurs behaal beter resultate, wat die gevolg kan wees van 'n beter benadering tot hipnotiseerders, en miskien speel die plek van hipnotisering 'n groot rol daarin.

Bernheim beweer byvoorbeeld dat 80% van sy pasiënte in 'n hospitaal diep gehipnotiseer is, terwyl slegs 20% van diegene wat privaat gehipnotiseer is .

Die vatbaarheid vir hipnose is onafhanklik van geslag, opvoeding en intelligensie.

Dit hang egter af van:

ouderdom - van 5 tot 17 jaar 'n bietjie groter as ander ouderdomsgroepe

-verhoudings tussen die hipnotiseur en die hipnotiseerder (vooroordele en 'n imosie het 'n slegte voorspelling)

- verbeelding van die hipnotiseur oor hoe die hipnose en hipnotiseur moet lyk.

Dit is opmerklik dat mense wat somnambulies is (diep slaap, sukkel om wakker te word van slaap as hulle wakker is) baie hipnoties is en maklik in 'n diep beswyming kom.

Die diepte van die trans.

Die diepte van opleiding word verstaan as die vermoë van die gehipnotiseerde persoon om voorstelle te maak wat volgens die moeilikheidsgraad geherargiseer word. Dit beteken dat hoe moeiliker opdragte die gehipnotiseerde persoon volg, hoe groter die diepte van die trans. Die bepaling van die diepte van die beswyming help die hipnotiseur ook om die voorstelle op die regte manier te kies sodat dit nie te moeilik is om te implementeer nie. Twee skale vir die diepte van die trans word algemeen gebruik.

Davis en Man se punteleer

Hierdie tabel gee 'n idee van hoe diep 'n trans gehipnotiseer word deur sy reaksies waar te neem. Daarbenewens laat dit ook 'n sekere standaardisering van die resultate van die toetse toe, aangesien dit akkurater is as die beskrywende skaal. Dus kan 'n mens ' n eksperiment uitvoer en die gevolgtrekking maak dat persoon A, wat in stadium 10 gehipnotiseer is, dit en dat gedoen het en persoon B nie. As gevolg hiervan kan ' n mens ervarings vergelyk en dit verifieer (*bevestig of die waarheid daarvan ontken deur ander eksperimente uit te voer*).

Diepte Graad Simptome

Bestand	0	
H ipnoïede	3	ligte ontspanning
	4	ooglid fladder
	5	volle liggaam ontspanning
Ligte trans	6	okulêre katalepsie
	7	ledemaatkatalepsie
	10	rigiede katalepsie
	11	ligte narkose
Gemiddelde trans	13	gedeeltelike geheueverlies van gebeure onder hipnose
	17	persoonlikheidsveranderings
	18	eenvoudige post-hipnotiese voorstelle
	20	kinestetiese illusies
Diep trans	21	oogopening in 'n trans
	26	moeilike voorstelle na hipnotiese
	27	positiewe ouditiewe hallusinasies
	29	ouditiewe hallusinasies negatief
	30	visuele hallusinasies en negatief

Beskrywende skaal.

Volgens Forel verdeel ons hipnose in drie hoofstadia:

-lig (slaperigheid of slaperigheid - wat gekenmerk word deur moegheid en ontspanning.

-medium (hipoteties, dws ligte slaap) - die gehipnotiseerde persoon kan nie sy oë oopmaak nie, maar verloor nie sy geheue nie.

-diep (somnambulisme, dit wil sê diep slaap) - die gehipnotiseerde persoon kan sy oë oopmaak, in 'n beswyming praat en loop.

Toetse vir vatbaarheid vir voorstelle.

Dit is handig om te bepaal of die proefpersoon hipnoties is. Dit is egter nie altyd maklik om mense wat suggestief is, te hipnotiseer nie. Dit kan egter nie ontken word dat mense wat maklik voorstel, meer vatbaar is vir hipnose nie. Vir 'n eenvoudiger voorstelling van die probleem, sal ek hoogstens 'n paar gewilde metodes noem.

Gebalde handtoets.

Dit is die mees gebruikte metode deur hipnotiseurs vanweë die eenvoud en die moontlikheid van groeptoepassing. Die toetspersoon sit gemaklik met toe oë. Ons beveel haar aan om te konsentreer op die indrukke wat uit haar hand kom. Ons sê vir haar om haar hand aan die agterkant van die stoel vas te maak en dan voor te stel dat haar hand die kakebeen van 'n bankskroef is wat stywer en stywer daarop klamp . Dan word voorgestel dat hierdie kake nie sal oopgaan nie, al probeer dit. Dan kan ons mooi kyk of die onderwerp probleme het om sy hand oop te maak of nie. Hoe harder iemand sy hand vasdruk, hoe vatbaarder is hulle vir voorstelle.

Ligte hande toets.

In hierdie toets staan die toetspersoon in die deuropening, met die hande aan die binnekant van die deurkosyne. Sy oë is toe. Ons laat haar die rame vir ongeveer een minuut met haar hande druk. Op die oomblik vertel ons haar dat sy baie ligte hande het wat vanself opgaan . Dan gee hy 'n tree vorentoe. Ons sien hoe hoog hierdie hande styg. Hoe hoër dit is, hoe meer vatbaar vir suggesties. Daar is 'n interpretatiewe risiko vir hierdie toets, aangesien die opheffing van die hande deels te wyte is aan die ontspannende druk in die spiere. Dit het ook een groot voordeel - dit versterk die vertroue in die krag van die hipnotiseur voordat u met hipnose begin.

Val muntstuk toets.

Die toetspersoon word 'n muntstuk bo-op sy uitgestrekte hand geplaas. Ons sal haar haar oë laat toemaak. Ons stel voor dat die hand stadig draai en die muntstuk gly: 'geld is op u hand . Solank u hand gelyk is, rus die munt konstant. Maar skielik begin dit stadig draai, en die munt gly langs die kant van jou hand af. Jou hand draai en die muntstuk gly na binne. Ni, wat haar laat val het ... ". Hierdie teks word herhaaldelik herhaal. As die gesaagde toets die indruk het dat die muntstuk gly, reageer die hand in die teenoorgestelde rigting. As iemand sulke reaksies het, is dit baie vatbaar vir suggesties. Minder geneig mense reageer gewoonlik nie op hierdie toets nie.

Tegniek vir induksie in trans.

Aanvanklike onderhoud .

Die regte verloop van hipnotisering moet soos volg wees:

- Voorlopige onderhoud

- Gehipnotiseerde houding

- Om jou in 'n trans te plaas

- Die verleiding van die trans

- Breek uit trans

Die inleidende gesprek is 'n baie belangrike stadium van hipnose, en daarbenewens word dit baie keer oor die hoof gesien (meestal as gevolg van die luiheid van die hipnotiseur en oormatige vertroue in homself). Die inleidende gesprek stel die hipnotiseur in staat om 'n idee te kry van wat die gehipnotiseerde persoon oor hipnose het. Hierdie kennis stel die hipnotiseur in staat om die beste manier te hanteer om met so 'n persoon om te gaan.

In die eerste onderhoud moet u:

- vind by die gehipnotiseerde persoon uit wat hy van hipnose dink en weet.

As u hipnose as raaiselagtig beskou, moet u nie altyd verduidelik wat dit regtig is nie, omdat sulke oortuiging toegang tot hipnose kan vergemaklik.

- oorkom moontlike vrese van die gehipnotiseerde persoon.

Mense is meestal bang om nie uit hul beswyming te kom nie. U moet dan aan hulle verduidelik dat dit nie moontlik is nie, omdat die gehipnotiseerde persoon op sy eie aan die slaap raak, en dan is dit genoeg om hom net wakker te maak.

- vind uit watter tegniek en watter benadering u moet kies.

Reëling van die gehipnotiseerde persoon .

Die gehipnotiseerde persoon kan gaan lê of gaan sit. Dit is belangrik dat hy in 'n posisie is wat vir hom gemaklik is.

In die sitposisie is die beste manier om gehipnotiseer te word deur effens skuins na die kant te sit en die kant van die liggaam op die systeun te leun. Sy kop rus op die kopsteun, en sy hande rus vrylik op die rugleunings van die stoel. Die bene moet regop staan en op 'n lae poef of iets soortgelyks lê .

In hierdie geval sit die hipnotiseur langs die stoel, aan die teenoorgestelde kant van die een waarop die gehipnotiseerde persoon leun.

In die rugliggende posisie is dit die beste wanneer die gehipnotiseerde persoon op sy rug lê, sy kop op 'n klein kussing lig en sy arms teen die elmboë gebuig is. Die skoot moet weg van die liggaam wees en die hande moet daaraan raak. Die hande vorm dus 'n driehoek met die lyflyn.

Daar moet op gelet word dat 'n persoon wat lê dikwels ' n gevoel van afhanklikheid of seksuele assosiasie het - dit kan die proses van hipnotisering vergemaklik of belemmer . Tydens die eerste gesprek is dit die moeite werd om te besef of hierdie gevoelens uit die weg geruim of behoorlik gebruik moet word.

'N Benadering tot hipnotiseerders.

Die regte benadering tot die betowerde is die helfte van die stryd. In werklikheid is daar drie basiese benaderings aan die hand waarvan verskillende wysigings aangebring word. Hier is hulle:

- dominant - die hipnotiseur is 'n gesag, hy gee bevele wat nie aan bespreking onderwerp kan word nie.

Die gehipnotiseerde persoon identifiseer hom met die figuur van sy vader. Hierdie metode word meestal deur heupkennisgewers gebruik.

- emosioneel-moederlik - die hipnotiseur skep 'n baie noue, warm kontak met die gehipnotiseerde. Die hipnotiseur word geïdentifiseer met die figuur van die doedelsak.

- passief - die hipnotiseur skep die indruk dat die gehipnotiseerde persoon homself rig en in ' n trans gaan. Hierdie metode word gebruik as ons te make het met 'n gehipnotiseerde persoon wat mense nie vertrou nie en net homself aanvaar.

Die metode wat gekies moet word, hang af van die tipe karakter van die gehipnotiseerde persoon en hul huidige ego vir humor.

Daarom is 'n inleidende gesprek uiters belangrik, waartydens u kennis kan maak met die karakter van 'n persoon, sowel as sy huidige welstand en humor.

Deur die verkeerde benadering van die gehipnotiseerde persoon te kies, kan dit heeltemal voorkom dat hulle in 'n beswyming kom.

Tipes tegnieke.

Daar is net soveel hipnotiserende tegnieke as hipnotiseerders, want elkeen ontwikkel hul eie tegnieke.

In hierdie boek sal ek 'n paar klassieke tegnieke bekendstel waarmee elkeen sy eie tegnieke kan ontwikkel.

As u hipnotiseer , word die analogie van slaap meestal om twee redes gebruik. Eerstens, om in trans te wees, is baie soos om aan die slaap te raak, en tweedens assosieer mense maklik die sensasies van slaap met die sensasies van ontspanning. In hipnotisering, met behulp van analogieë in slaap, word eentonige gehoor-, visuele en tasbare stimuli gebruik om slaperigheid by hipnotiseerders te veroorsaak, en sodoende hom te oortuig dat sy liggaam onderhewig is aan die deugde van die hipnotiseur.

Die mees gebruikte tegnieke is:

- Bernheim

- Hand levitasie

- Sigfiksasie

- Estradowa

- In die tegniek van Bernheim

Die ooglede is swaar , slaperig en kan nie hul oë oopmaak nie. As dit bereik word, oortuig ons onsself van die swaarheid van die arm, dan die bene en die hele liggaam. Ons vergeet nie om heeltyd oor slaperigheid, onderdanigheid en vrede te praat nie. Ons gee ons voorstelle met 'n eentonige en kalm stem om die slaperigheid van die gehipnotiseerde persoon te verhoog. Die doel waarna ons streef, is om die aandag van die gehipnotiseerde persoon te bemeester .

- In die tegniek van hand levitasie

Ons beveel die gehipnotiseerdes om te konsentreer op die indrukke wat uit die hand kom. Dan raak ons hierdie hand saggies aan met 'n voorwerp sodat die gehipnotiseerde persoon beter daarop kan konsentreer. Ons stel voor spierverslapping (indien die gehipnotiseerde persoon dit kan doen), traagheid en warmte in bene en hande. Dan maak ons voorstelle om die hand op te lig en na die gesig of ander liggaamsdele te wys. Tydens hierdie geleidelike beweging gee ons voorstelle vir versterking, byvoorbeeld "... as u hand aan u gesig raak, sal u al slaap ..." ens.

Die voordeel van hierdie metode is dat u kan sien hoe vinnig die gehipnotiseerde reageer sodat u kan aanpas by die tempo van sy reaksie.

- In die tegniek van oogfiksasie

Die gehipnotiseerde persoon staar lank na 'n voorwerp wat ongeveer 30 cm van die oë van die gehipnotiseerde ego gehou word. Dit is die bekendste hipnotiserende tegniek en word gereeld gebruik.

Ons doel is om moegheid en slaperigheid te veroorsaak, sodat moeë oë hulself toemaak en voorkom dat hipnotiseerders hul aandag aflei van ander gedagtes. Terwyl die betowerde blik op die fixasie-voorwerp, maak ons voorstelle oor die brandende oë, slaperigheid en swaarheid van die ooglede. As die betowerde persoon sy oë toemaak, gaan ons voort soos in Bernheim se tegniek.

- Toneeltegniek

Dit is 'n baie dinamiese teks . Dit gebruik die gesag van die hipnotiseur en die onderbewuste begeerte van die hipnotiseur om ander mense te beïndruk. Die gedrag van die hipnotiseur moet bemagtig en vol vertroue wees, sodat sy voorstelle onmiddellik opgevolg word. Die vinnige uitvoering van die eerste voorstelle is uiters belangrik, want dit versterk die vertroue van die gehipnotiseerde in die vaardigheid van die hipnotiseur. Dit is 'n tegniek wat die mites wat verband hou met hipnose optimaal benut.

Hieronder vind u 'n gedetailleerde aanbieding en metodes om individuele tegnieke te implementeer.

Baggerinduksie.

Dit begin wanneer die gehipnotiseerde persoon 'n ligte beswyming bereik, en die doel is om 'n medium tot diep trans te bewerkstellig. Dit is die moeilikste taak, want soos ons onthou, is ons nie in staat om 'n gemiddelde beswyming by almal te bewerkstellig nie, en nog minder mense bereik 'n diep toestand. Daar moet onthou word dat dit slegs in stadiums hipnose nodig is om 'n diep ego-toestand te bereik . In ander gevalle is ' n matige of selfs lae vlak van transaksies genoeg om 'n doel te bereik wat ons gestel het (byvoorbeeld om vreemde tale te leer, slegte gewoontes te oorkom).

Die trans word verdiep deur voorstelle te maak wat al hoe moeiliker is om te maak. Terselfdertyd word voortdurend geïmpliseer dat die uitvoering van 'n gegewe aktiwiteit die trans verdiep.

Gedurende die middelvlak is die volgende aktiwiteite moontlik:

- voel geen sensasies, pyn, ensovoorts nie - dit word narkose genoem. (Interessant genoeg, kan narkose in 'n ligte beswyming bereik word, waaroor baie mense geen idee het nie).

- geheueverlies tydens en na hipnose (posthypnotiese geheueverlies) oor wat tydens hipnose gebeur het.

- "teruggaan in tyd", bv. terugkeer na gebeure uit die ou kinderjare.

om onrealistiese voorstelle te gee, byvoorbeeld om die illusie te skep om in die lug te sweef, te swem en op ander plekke te wees.

- die gee van hipnotiese voorstelle. Ongelukkig moet dit eers nagegaan word nadat u die beswyming verlaat het. As ons die gemiddelde vlak van hipnose bereik, kan ons in die versoeking kom om te probeer of die gehipnotiseerde persoon sy oë kan oopmaak en kan loop. Dit moet baie noukeurig gedoen word om nie self te hipnotiseer met te moeilike voorstelle nie. As die gehipnotiseerde persoon dit kan doen, beteken dit dat ons reeds 'n diep vlak bereik het en kan eis dat enige moeilike voorstel gemaak moet word.

Voorstelle na hipnotiese.

Dit is die beste bewys dat iemand onder hipnose was. As u dit nie uitvoer nie, beteken dit nie dat u nie daar was nie.

Voorstel na hipnotiese is 'n opdrag om enige aksie uit te voer nadat u 'n beswyming verlaat het. Hierdie aksie word op 'n ooreengekome sein uitgevoer. Hierdie sein, soos 'n opdrag, bestaan in die menslike onderbewussyn.

Daarom, nadat ons selfs 'n absurde opdrag uitgevoer het, soos om 'n venster oop en toe te maak, word dit met rasionele redes verduidelik.

Voorstelle vir hipnotiese reaksies word in 'n medium tot diep trans. 'N Opdrag wat gereeld gebruik word, is om aan die persoon wat gehipnotiseer is, te vergeet om een van die getalle te klap. Nadat u geklap het , vra vir 'n harde aftelling tot twintig. As die opdrag uitgevoer word, spring die persoon wat gehipnotiseer is die gegewe nommer of kom dit ten minste vas.

Maak seker dat die opdrag uitvoerbaar is. Andersins kan neurose voorkom.

Om uit die trans te kom.

Dit is die eenvoudigste ding in die hele trans. Die mees algemene metode is die stadige aftelling tot vyf of vandag .

Die belangrikste voordeel van die aftelmetode is die doeltreffendheid daarvan en die gladde vordering, wat die gehipnotiseerde tyd gee om die liggaam te verander.

Ons begin die uitgang van die beswyming deur voor te stel dat as u vyf (of tien) by die nommer voeg, u die beswyming sal verlaat . Dan tel ons stadig van een tot vyf (of tien). Gewoonlik vind die uittrede uit 'n beswyming plaas sodra die nommer 5 (of 10) genoem word.

Dit gebeur dat die gehipnotiseerde nie uit die beswyming wil kom nie, want hy voel byvoorbeeld baie gemaklik daarin. U moet dan weer probeer om uit die beswyming te kom, en as dit nie werk nie, laat die gehipnotiseerde persoon alleen, net om aan die slaap te raak. Na 'n kort middagslapie sal sy buite trance wakker word.

Gewoonlik onthou die gehipnotiseerde nie die verloop van die trans nie , daarom vind hulle dit moeilik om te glo dat dit regtig gebeur het. As ons wil hê dat die gehipnotiseerde persoon alles omtrent die trans moet onthou , moet die opdrag om die gang van die trans te onthou in hipnose uitgereik word.

Dit is veral belangrik as hipnose 'n leermiddel is.

Dit gebeur dikwels dat die gehipnotiseerde persoon self uit die beswyming kom. Dit gebeur as die voorstel te moeilik is om te volg of met die persoon se waardestelsel bots. In sulke situasies onthou die gehipnotiseerde persoon meestal die laaste opdragte. Hou dit in gedagte as u nie vyande wil maak nie.

Voorbeelde van tegnieke om 'n hipnotiese toestand te veroorsaak .

Bernheim-tegniek

In hierdie hoofstuk sal ek hipotetiese transgolfvorms in verskillende tegnieke voorstel. Ronde hakies (dit is die inligting oor die gedrag van die gehipnotiseerde persoon) sal inligting bevat oor die gedrag van die gehipnotiseerde persoon, terwyl die kommentaar tussen vierkantige hakies geplaas word [dit is wat my opmerking oor wat aangaan].

Ons sal voortaan vir die eenvoudigheid aanvaar dat die naam van die hipnotiseur Adam [afkorting A:] is, en die naam van die hipnotiseur Henry [afkorting H:].

H: Lê asseblief gemaklik . (Adam lê op sy rug, kop opgelig, rus op die kussing, arms wat by die elmboë gebuig is, vorm 'n driehoek met die lyn van die bolyf. Hy het 'n tweede kussing onder die knieë, wat die knieë effens optrek) [dit is die gemaklikste posisie en indien moontlik, is dit die moeite werd om dit te gebruik].

H : Nou lê jy stil en jou gedagtes sirkuleer vrylik. Jy is kalm en lui. Jou gedagtes is lui en eentonig. Jy voel warm en gemaklik. Jou ooglede is swaar, dit weeg jou al hoe meer.

Jou ooglede is swaar en selfs swaarder ... en swaarder ... Stadig word jou oë toegemaak, hulle sluit ... en jou ooglede is baie swaar ... baie, baie swaar ... (as ons sien hoe Adam sy oë toemaak) maak jy jou oë toe Jou oë toe.

[Dit is die ergste stadium vir Henry, aangesien hy Adam se vrolikheid moet beheer, wat veroorsaak word deur 'n onnatuurlike sleutel van sy stem. U hoef nie eers van die lag af te sit nie. Na twee of drie sarsies van die lag, brand die gehipnotiseerde 'uit' en word dit makliker].

H: Jy lê gemaklik, jy is slaperig, jy wil slaap, jy wil regtig slaap, soveel dat jy sal gaap ... jy sal gaap .... Jy haal kalm asem. Nou sal u betyds asemhaal met my opdragte. Op my woord "ASEM" haal jy stadig asem en haal jou longe uit tot ek "UIT" sê. Dan haal jy 'n lang, stadige asem en wag tot ek sê "ASEM in".

Ons begin. "ASEM". (Adam neem stadig die lug in) Let op na die asemhalingssensasies, dink aan wat jy voel. (Adam asem uit) jy is kalm en slaperig, jy haal lui asem. (Adam uitasem) [Ons hou vir hom 'n rukkie apnee, maar nie te lank om kwaad te word nie. Verkieslik 3 tot 5 sekondes]. (Adam asem in en uit 5).

H: Nou voel jy ontspanne en gelukkig, jy is slaperig en ontspanne. Jy wil slaap . Dit is lank gelede dat jy so goed gevoel het soos nou. U gedagtes dwaal rond ... [hier bied ons aangename gebeure vir Adam aan, waaroor ons in die inleidende onderhoud uitgevind het, bv van die laaste vakansie]. Wil jy slaap. U hande voel swaar en warm, en u kan 'n aangename tinteling in u hande voel. Die hande kry swaar. Jy raak stadig aan die slaap. Jou hande word swaarder en jy raak aan die slaap. Jy raak aan die slaap, maar jy hoor nog steeds my stem. Dit bereik jou van ver af en jy hoor dit en jy raak aan die slaap. En jou hande word al hoe swaarder. U hand is so swaar dat u dit nie eers effens kan lig nie. [Ons gee Adam 'n oomblik dat hy wil probeer, maar nie lank genoeg om dit te doen nie.] Ja ... sodat jy dit nie kan optel nie, jy is al in 'n beswyming. U hoor my stem en is bereid om my versoeke toe te staan. Tog is jou hande swaar. Nou kry die hele liggaam ook swaar. U voel hoe u hele liggaam in die bank sak.

Konsentreer op daardie gevoel. Jy is al diep aan die slaap alhoewel jy my stem kan hoor. Net my. U stel nie belang in ander stemme nie . Jy vergeet van hulle.

U hoor my net, ek. Jy slaap .... Nou hoor jy die geluid van die see. Die geluid van die golwe en my stem. Die geluid van die golwe en my stem. Die geluid van die golwe. Jou liggaam is lig, jy is lig, jy dryf in die wind.

Jy dryf stadig bokant die strand. Jy is in die lug. Jy swaai heen en weer asof jy 'n blaar is en bly sweef. Jy styg tot die hoogte wat jou pas. Jy hang in die lug, met die gesig na onder, en die son skyn bo en maak jou rug warm. Jy dryf in die windjie en hou mense lekker. Jy is lig soos 'n veer en beweeg in die lug soos jy wil. U is gevul met vreugde en tevredenheid. Alhoewel jy slaap, kan jy praat. Jy kan praat. Vertel my waar jy is. [As Adam nie gepraat het nie, moet u u na 'n geruime tyd terugtrek en probeer. "

A: Ek lê in die lug bokant die strand.

H: Goed. Die weer is lekker, die son skyn, maar so sag soos altyd in die aand. Jy gaan lê en luister na die geluid van die golwe. Iemand sê iets langs jou. Kan jy hom hoor. Wat sê hy.

[As Adam op hierdie stadium niks gehoor het nie, is dit die moeite werd om 'n afspraak te maak wat stil sou sê tydens sononder. Dit sou Adam se oortuiging versterk en hom lei.]

A: Ja. Hulle sê oor een of ander rok wat ...

H: Goed. En wil jy nie na die sonsondergang kyk nie? Dit sal binnekort gebeur. Alhoewel u slaperig is, is u liggaam lig soos 'n veer. U gaan sit en kyk oor die voorruit na die sonsondergang. (Adam gaan sit, maar sy oë is toe). Maak jou oë stadig oop sodat die ondergaande son jou nie verblind nie. Stadig, ja. (Adam maak sy oë oop). Is dit nie 'n pragtige gesig nie?

A: Ja. Pragtig. Groot rooi en daardie wolk. [Ons laat hom 'n oomblik van onsamehangende toespraak toe].

H: Die son het ondergegaan en dit word koud. Jy moet opstaan en huis toe gaan. Probeer opstaan, jy is swaar, maar probeer opstaan. [Jy kan help om op te staan, hou op]. (Adam staan op). Kom ons gaan. (Ons loop 'n rukkie in sirkels). Laat ons nou op die bank sit. Ons het vrede. Ons het weer vrede. Vertel my wie sien jy in hierdie kamer?

A: Ek sien jou, G reg en Ann in die kamer.

H: Dis net ek in die kamer, daar is niemand anders in die kamer nie, behalwe ek. [Stilweg vra ons Ann om iets vir Adam te sê].

Ann: Adam, het jy enige wedstryde met jou?

A: (skree) Nee! Ek het nie !

H: Adam, waarom skreeu jy?

A: Ek het gehoor A nn. Sy het gevra of ek vuurhoutjies het.

H: Waarom het jy haar dan nie net geantwoord nie, maar net geskree?

A: Wel ... want ... het sy iewers van die huis af gevra.

H: Aha. En jy weet nie waar Greg kan wees nie? Hy was 'n oomblik gelede hier.

A: Ek weet nie. Ek het hom nie gesien nie.

H: OK. Nou kan jy almal sien, maar jy kan nie die meubels sien nie, en nie die meubels nie. Kan u my vertel wat Greg en Ann doen?

A: Wel ... Greg hang en Ann in die lug, (Greg is op die bank, Ann sit in die stoel.

H: Kan u asseblief die G- reg in die rug krap ? (Adam loop oor en probeer om na Greg se rug te gryp).

A: Ek kan nie. Hy het geen rug nie. [Sulke paranoïese situasies kan tot hipnotisering lei .]

H: U kan die meubels sien. Is Greg nog goed?

A: Dit is wel, maar ek kan dit nie krap nie, want die matras pla my . Laat dit omdraai.

H: Waarom het jy dan vroeër gesê daar is geen rug nie?

A: Ek het so gesê ...? [Dikwels word daar geen antwoord gegee op sulke moeilike vrae nie. Die vraag word geïgnoreer en dit is beter om nie daarop aan te dring om dit te herhaal nie.]

H: Wel, gaan lê nou en rus. Rus. Hou aangename drome en onthou dat u die nommer drie vir 'n klap sal vergeet. Sodra ek klas het, sal u die nommer 3. vergeet. As ek my vingers vashou, sal u dit weer onthou. Jy lê stil en verdiep jou in die aangename sensasies wat uit jou liggaam vloei. Ek tel binne 'n oomblik af tot vyf. As ek vyf sê, sal dit u hipnose raak.

EEN - jy word stadig wakker

TWEE - jy is al hoe minder vaak,

DRIE - al hoe minder slaperig,

VIER - jy is amper uit die beswyming

P OVK - wakker geword. (Adam is uit sy beswyming. Hy kyk in die kamer rond en is 'n bietjie dof. Hy probeer uitvind wat gebeur het).

H: Onthou jy wat ons gedoen het?

Nie. Al wat ek onthou, is dat ek gehipnotiseer sou word en dat ek op die bank gaan lê het. Ek kan niks anders onthou nie .

H: Dit is goed. Greg sal later van alles vertel. Ek wonder hoe vinnig u tot 10 kan tel. Gaan voort.

A: Goed, een, twee, drie, vier ... tien.

H: (Henry klap) Probeer dit weer.

A: Een, twee, um ... vier, vyf .... tien. [Sommige mense hou vas met so 'n post-hipnotiese voorstel, en sommige het geen probleme om die voorgeskrewe nommer uit te sien nie].

H: (Hy het sy vingers geslaan). Dink jy nie jy het een van die nommers gemis nie?

A: Ja, ek dink ek laai te vinnig .

H: Nee, nie te vinnig nie. Jy het vergeet, want ek het dit in hipnose bestel. Maar jy sal nie meer verkeerd wees nie. Genoeg vir vandag.

DIE LINKERHANDSTEGNIEK

H: Lê asseblief gemaklik. Sit nou een van u hande op my hand. (Adam lê op sy rug in die posisie soos hierbo beskryf, maar die linkerhand is op die handpalm Henry. Die tweede hand wat Henry van bo af met dieselfde hand bedek het).

H: Lê stil en laat u gedagtes draai oor dinge wat vir u aangenaam is. Jy raak kalm en slaperig. U fokus op die stimuli wat vanaf u linkerhand na u toe kom. Let op die aangename sensasies wat uit u vel op u hand vloei. Konsentreer op hulle en oordink hulle (Adam maak sy oë toe). [Ons bly 'n rukkie roerloos].

H: Nou word jou hand swaar en warm. Jou e albei hande kry swaar en warm. U voel warmte dring deur u hand, aangename warmte. Jy raak slaperig. Jou hande is swaar. Jou hande is swaar en warm en jou spiere is ontspanne . Die hitte versprei stadig deur die liggaam. Eerstens word u bene swaar en warm, en dan u hele liggaam. Jou bene voel swaar en warm. Jy voel warmte in jou bene. As u voel dat warmte en swaarheid oor u bene versprei , sal u my hand skud. Jou bene voel swaar en warm (Adam druk sy arm). Jy het swaar bene. Jou arms en bene voel swaar en warm. Binnekort sal jy swaar voel en sal jou liggaam gevul wees met innerlike warmte. Jou linkerhand is egter nou die swaarste . U linkerhand is die swaarste [Op hierdie stadium druk ons Adam se hand van bo af om die gevoel van swaarmoedigheid te verhoog]. U het 'n baie swaar linkerhand. Maar binnekort. Dit sal binnekort ligter word. O ... ek dink dit raak ligter . [Ons verlig die druk op Adam se hand.] Jou linkerhand word al hoe ligter. Dit is so lig dat dit binnekort sal begin styg, dit sal begin styg. Jy het 'n ligte hand, en dit styg maklik en beweeg na jou voorkop. Hoe nader u aan die teiken is, hoe dieper hipnose sal u wees. U het 'n ligte hand en dit dryf net rond (H: hy haal sy hand van Adam se hand af, maar baie glad sodat Adam dit nie raaksien nie). Jou hand styg en jy sak in dieper en dieper hipnose. Net my stem bereik jou stadig . Jy hou op om ander te hoor. En jou hand beweeg al hoe hoër. (Adam se hand styg effens uit) [ons herhaal die suggestie oor die ligtheid van die hand 'n paar keer, onderling met toespelings oor die bereiking van 'n dieper en dieper trans, totdat Adam sy hand hoog genoeg oplig sodat hy sy elmboog sal moet lig]. Jou hele hand is so lig soos 'n veer en sweef moeiteloos in die lug. (Adam lig 'n elmboog.) Nou gaan u hand na u voorkop en u hoor net my, net my stem reik na u uit. Jou hand gaan na jou voorkop en is reeds daaroor . Sodra u hand op u voorkop rus, sal u my net hoor. Jy raak slaperiger. U het u hand bo u voorkop en dit val stadig daarop neer. Jou hand val op jou voorkop. U hoor net my, net ek, net ek, net ek ... ('n hand val op my voorkop). Nou is jy in 'n diep trans en kan jy selfs praat. Jy kan praat. Probeer "Ala" sê. (Die spiere rondom die mond beweeg, maar Adam sê niks). Komaan. U kan sê . As ek vir u sê dat u kan praat, kan u sê. Sê "Ala".

25

A: A alaa.

H: Baie goed. Nou sal u my vrae kan beantwoord.

H: Kom ons gaan terug in die tyd. Hy eet net sy eerste skooldag. Jy is sewe en gaan vir die eerste keer skool toe. Sê wat jy voel.

A: Ek is baie groot omdat ek al skoolgaan . En as Ancia skoolgaan, sal ek in die tweede graad wees, want ek is ouer as sy. Mamma het vir my gesê om vinnig saam met Jacek in die klas te kom, want dan sal ons saam sit en goed wees. Ons sal take kan verrig en saam kan leer ...

H: Vertel my hoe die weer is, of die son skyn.

A: Dit reën, maar ek het 'n baadjie met 'n kap en my ma het 'n sambreel, die reën maak ons nie seer nie.

H: Goed. Nou gaan ons terug na ons tyd. Gaan lê 'n rukkie en dink aan iets aangenaam [H: gee homself tyd om te rus].

H: Nou kan u u oë oopmaak as u wil. Probeer om u oë oop te maak. (Adam beweeg sy ooglede). Maak oop jou oë. U kan eers deur 'n mis sien, maar dit sal binnekort verbygaan. (Adam maak sy oë oop). [Adam is reeds in diepe hipnose en kan doen wat hy wil . Uitgang van hipnose is dieselfde as in Bernheim se tegniek].

EYE VASSTELLING TECHNIC

H: Gaan lê gemaklik. (Adam lê gemaklik en ons hou 'n blink slinger voor sy oë, ongeveer 30 cm daarvandaan).

H: Kyk na die slinger Hou die slinger heeltyd dop . Moenie jou oë van hom afhou nie. U moet deurentyd u oë op die slinger hou, selfs as u oë begin seermaak. U dink net daaraan om na die slinger te kyk. Oor 'n oomblik sal jou oë begin jeuk, maar jy bly na die slinger staar . Jou oë sal binnekort jeuk. (As ons sien dat Adam se oë trek.) Hulle jeuk al, hulle gaan jou bak. Jou oë sal steek, en jy bly staar na die aarselende keel. Jou oë sal binnekort steek (Adam knip). Jou oë brand al , maar jy staar steeds stip na die slinger. Jou oë brand. Hulle sal binne 'n oomblik begin water kry. As u voel dat u oë begin traan, sal u dit toemaak. Jou oë begin raak en jy dink nog steeds daaraan om na die slinger te staar. Jy kyk op en af, maar maak jou oë toe as hulle te veel begin water of steek. (Adam maak sy oë toe, Henry plaas sy hand op sy kop op so 'n manier dat sy duim die middel van sy voorkop liggies druk) .

H: Jou oë is toe en jy maak dit nie oop nie. Sonder om u oë oop te maak, " kyk" na die plek waarop ek druk. U kyk voortdurend na die punt van u voorkop wat ek met my vinger aanraak, maar u oë is toe. U kyk na hierdie plek en u voel kalm, dink aan niks nie , stadig ontspan u liggaam U is kalm en slaperig , u kyk voortdurend na die punt op u voorkop, alhoewel u oë pyn. U oë is seer, maar die res van u liggaam is slaperig en traag. U is slaperig, slaperig. U voel aan die slaap, kroeg. dzo jy wil slaap, jou hele liggaam is swaar, jy is slaperig.

H : Hoe vreemd dit ook al vir u lyk, u is alreeds in 'n ligte beswyming. Nou sal ek my hand van jou voorkop afhaal. (Henry trek sy hand terug). Jy is slaperig. Jy haal kalm asem. Stel jou voor dat al die woorde rondom jou blou is. U word omring deur 'n verfrissende blou gloed. Miskien ruik jy selfs 'n lekker dennegeur. Jy is kalm, slaperig en ontspanne. U word omring deur 'n blou gloed. Jy neem lug in jou longe in en asem daardie blou lug in. Jy sien jouself asof jy langs 'n spieël lê. U is deursigtig en u kan sien hoe blou oor u longe in lug inneem. U adem die verfrissende blou lug in en dit versprei en vul u longe. Dit versprei oor u hele liggaam met elke inaseming . U sien hoe stadig u bloed blou word en hierdie blou oor u liggaam versprei. Jy is slaperig, kalm en baie aangenaam. En met elke inaseming vul blou meer en meer volume in jou liggaam. U raak al hoe meer ontspanne. Vrede kom met asemrowende blou. Jy is in 'n al dieper trans.

H: As die blou jou hele lyf bedek, lig jy die duim van jou regterhand effens op. Asem die lug in en laat die blou jou vul. (Adam haal kalm asem en Henry hou sy hand dop en gee af en toe voorstelle vir slaperigheid, ontspanning en 'n dieper vlak van hipnose.)

(Adam lig sy duim).

H: Nou kan u my instruksies volg. Onthou dat elke opdrag wat u voltooi, u hipnose sal verdiep. As u nie 'n opdrag kan uitvoer nie, is dit goed. Moenie laat dit jou bekommer nie. Ons sal 'n ander keer probeer en dan sal ons beslis slaag.

H: U sal vry kan praat sonder om u beswyming te verlaat. Jy kan praat. Vertel my jou naam.

A: Adam.

H: Baie goed. Onthou dat u moontlikhede verhoog deur my bestelling te volg

[Op hierdie stadium is dit die moeite werd om 'n paar eenvoudige opdragte uit te reik om die selfvertroue van hipnotiseerders te versterk. Dan kan u oorgaan na moeiliker, maar skouspelagtige opdragte].

H: Baie goed. Laat ons nou teruggaan na die hede . Nou kan jy jou oë oopmaak. U kan u oë oopmaak. Probeer om u oë oop te maak. (Adam maak sy oë oop).

A: Wat, wat het gebeur? Ek onthou ... aaa ek was gehipnotiseer ....

[Adam het opgehou met hipnose omdat hy die bevel om sy oë te openbaar beskou as die bevel om die hipnose te verlaat . Met sulke opdragte moet 'n mens onthou van die vroeëre voorbehoud dat die hipnose sal voortduur].

TONEELTEGNIEK

Dit is 'n baie skerp en dinamiese tegniek. Die hipnotiseur is die absolute gesag wat onbetwis bevele gee . In hierdie tegniek is die belangrikste om 'n groep mense of 'n persoon te kies wat die eienskappe het wat hom toelaat om baie maklik 'n beswyming te gebruik met behulp van hierdie tegniek, omdat die persoon onmiddellik onder die knie is, of dat hy sal misluk. Dit is ook die mees skouspelagtige en skouspelagtige metode om 'n trans te veroorsaak.

(Henry sit die gekose persoon, laat ons aanvaar dat hy Adam is, op 'n stoel).

H: Ek het u hierheen genooi sodat u my bestellings kan volg. U hoef nie vir hulle bang te wees nie, want dit sal nie moeilik wees nie, en selfs om dit te doen, sal u nie in gevaar stel nie. Ek dink as u instem tot die eksperiment, sal u met my saamwerk. My opdrag sal my opdrag wees.

H: Ek hou 'n voorwerp in my hand. Die oomblik as ek dit vir u wys, sal u u gedagtes sluit en u aan my wil oorgee. U ooglede sal sluit en u kan dit nie oopmaak nie. (Henry maak sy hand oop en wys die voorwerp wat hy vashou. Adam maak sy oë toe).

H: U kan nie u oë oopmaak nie. U dink as u wil, kan u dit oopmaak , maar u wil nie, en dit is dit. (Adam glimlag).

H: Jou oë bly toe. Jy raak traag. Jy is baie swaar. U kan geen spiere beweeg nie. Julle is almal inerte. U is onderworpe aan my testament. U sal al my bestellings kan volg .

H: Jy kan praat. Sê jou naam.

A: My naam is Adam.

H: Vertel my hoe oud jy is en waar jy woon.

A: Ek is 20 jaar oud en ek woon in die stad.

H: Nou sal u konsentreer op wat u hoor. U sal dit goed onthou en herhaal wanneer dit vir u gesê word. (Henry vra iemand in die kamer om 30 woorde op te skryf. Dan lees hy die eerste tien woorde stadig).

H: Herhaal wat ek gelees het. Adam herhaal die woorde wat hy gelees het, maar in 'n ander volgorde. Nou gaan ek vir u 'n paar woorde lees wat u in dieselfde volgorde sal moet gee. U het tans 'n helder verstand en 'n absorberende geheue. Luister dus mooi. Jy is gereed ?

A: Ja, ek is gereed. (Henry het die volgorde van woorde gelees en Adam het dit per ongeluk herhaal).

H: Baie goed. U is steeds onder hipnose, maar u kan u oë oopmaak. Maak oop jou oë.

H: Kyk, jou hoërskoolonderwyser nader ons. Sê vir hom hallo. (Adam word deur sy vriend genader).

A: Goeiemore professor.

J: Hallo Adam. U is nie goed voorbereid vir die slagting nie. Jy het drie. U kan beter vir die volgende keer studeer.

A: Ek het lank studeer.

J: (vertrek). Blykbaar het jy dit nie te stelselmatig gedoen nie.

H: Wie was dit?

A: My onderwyser uit Duits. Hy het my altyd gekies.

H: Dit is goed dat hy reeds weg is. Kom ons probeer nou opstaan. U is steeds onder hipnose, maar u kan opstaan. Jy kan opstaan. Staan op. (Henry beskerm Adam terwyl hy opstaan. Adam staan) Lig nou jou linkerhand op. Hoër. Hoër. O ja. Wel. (Adam se hand Maak 'n regte hoek met die onderste ledemaat. Henry rol die mou van Adam se hemp op).

H: Ek verdoof u hand. Oor 'n oomblik, vir 'n kort tydjie, voel jy niks in jou linkerhand nie. As ek aftel tot drie, voel jy nie meer jou linkerhand nie. Een twee drie. U voel niks in u linkerhand nie. Henry sit ys op Adam se onderarm. Adam reageer nie).

H: Baie goed. U is diep hipnose en gehoorsaam my opdragte. Nou gaan ek aftel van drie tot een en jy sal weer drie-twee-een in daardie hand voel. Breek die ys as u hand koud voel. (Adam slaan ys van sy hand af en vryf oor sy onderarm om dit warm te hou).

H: Onthou nou die woorde wat ek jou aan die begin laat onthou het. Onthou jy hulle?

A: Ek onthou so.

H: Herhaal dit dan in dieselfde volgorde as wat hulle gelees is. ('N Dame herskep 'n reeks woorde uit die geheue. Henry wys vir een van die kykers die papier waarop die reeks geskryf is).

H: (aan die kyker). Is dit korrek.

Toeskouer: Ja, perfek.

H: Bravo Adam. Ek dink dit is genoeg. Gaan lê nou en onthou dat u vyf moet beantwoord as u gevra word hoe oud u is. As u die vraag 'ouderdom?' Hoor, sal u 'vyf jaar oud' antwoord. U sal hierdie vraag bly beantwoord totdat u die kamer verlaat. As u die kamer verlaat, is hierdie opdrag nie op u van toepassing nie. U sal ook nie u regverdige opdrag besef nadat u hipnose verlaat het nie, maar in u onderbewussyn sal u dit onthou. As u 'ouderdom' gevra word, sal u 'vyf jaar oud' antwoord. Nou gaan ek aftel van drie tot een. As ek een uitspreek, kom u uit hipnose: drie-twee-een. Einde van hipnose. (Adam kom uit die beswyming). (Na 'n kort tydjie bel Henry vir Adam en sê vir hom dat hy hom graag wil insluit in die statistieke van mense wat hipnose ondergaan het. Daarom vra hy hom om die gegewens op die vorm in te voer. Wanneer hy die data invoer, vra hy vir Adam die vraag 'ouderdom ?' As die voorstel ná hipnotiese sukses suksesvol is, sal Adam 'vyf jaar oud' antwoord.

HIPNOSE by verjaarsdae

Aan die begin van hierdie hoofstuk wil ek daarop wys dat ek riglyne daarin verskaf het om die waarskynlikheid van volledige sukses te verhoog. Mense wat dit te moeilik vind om hulle aan te leer, of wat vaardighede benodig wat hulle nie het nie, moet hulle nie daaroor bekommer nie.

Uiteindelik kan u na die element gaan: neem 'n ewekansige persoon, gebruik u gunsteling tegniek en hoop op sukses. En indien nie, neem ons die volgende persoon en die volgende. In werklikheid is die waarskynlikheid van 'n volledige mislukking in so 'n situasie klein, maar daar is ook geen groot kans om 'n diep beswyming by 'n gehipnotiseerde persoon te kry nie. Maar kom ons gaan hieroor. Die mees algemene rede om tydens 'n partytjie gehipnotiseer te word, is om u vriende te vermaak of te beïndruk.

Dit is ook 'n goeie manier om 'n nuwe vriendin of kêrel te ontmoet - jy kan hom of haar kies vir hipnose. As sy nie saamstem nie, sal dit goed wees. U kan vir ' n ander keer ' n afspraak maak.

Om bogenoemde doelwitte te bereik, is dit die moeite werd om u optrede deeglik te beplan en by sekere reëls te hou. Andersins kan ons die teenproduktiewe doel bereik.

Wat u nie moet doen nie, word aan die einde van hierdie hoofstuk gelys. Laat ons nou die tegniese kant van die "projek" hanteer.

Bowenal: 'n goeie keuse van tyd.

Tydkeuse.

Ek glo dat dit die beste is om eers 'n sessie te begin as die meeste mense moeg raak vir dans en besluit om 'n rukkie te rus. As u die sessie aan die begin van die partytjie begin, kan dit die pret van die gehipnotiseerde persoon bederf, omdat baie mense na slaaphipnose voel. Daarbenewens kan dit die res van die party wat hierheen kom dans, ontmoedig eerder as om "dom" te kyk.

U kan die vertoning nie tot die einde van die geleentheid uitstel nie, want mense sal te moeg wees en hulle sal nie altyd weet wat u opsies is nie, en dit is 'n duidelike verlies. Om hierdie vereistes op een of ander manier te versoen, is dit die moeite werd om na so 'n geleentheid te gaan met 'n vriend wat terloops aan die begin van die spel oor u vaardighede praat. Gewoonlik is daar baie wat bereid is om dit dadelik na te gaan. Maar moenie opgee nie. Doen asof u beskeie is en kom daaruit. Sê in die ergste geval dat jy 'n sessie sal doen as hulle moeg is vir pret, en nou wil jy dans.

As u nie hierdie truuk hoef te gebruik nie en die aandrang stop, dan is dit alles op pad na sukses. Jy het al belangstelling in jouself gewek en nou sal baie oë na jou kyk met nuuskierigheid.

En as jy besluit dat die tyd aangebreek het om te hipnotiseer, vind jy dat dit goed is, dat jy jou laat oorreed en ... jy begin. Ek sou die ure voorstel van middernag tot 1, wanneer die partytjie tot die oggend moet duur, en om 23:00 as dit tot middernag moet duur.

Persoon seleksie .

Om die regte persoon vir hipnose te kies, moet u die onderneming goed ken, of u moet mooi kyk en dan mense toets. Die tipe toets is enige, kies die een wat die beste by u pas.

Kies u persoonlik vir die toets as u veral in iemand belangstel. Moet nooit probeer om teen u gedagtes op te tree nie en moet u nie n toets aflê nie. Dit is beter vir die een wat u liefhet om 'n toeskouer van 'n suksesvolle show te wees as om aan 'n mislukte show deel te neem.

Die keuse van die persoon hang ook af van die tegniek wat u wil gebruik. As dit 'n verhoogtegniek is, moet u 'n ekspressiewe persoon vind wat graag die middelpunt van die aandag sal wees. Hoe om haar te ken? Gewoonlik is dit 'n persoon wat uiters vrolik is en hom hard gedra, dikwels so genoem die siel van die geselskap . In ander tegnieke is die vryheid van keuse baie groter. Somnambuliste kan gekies word wat baie hipnoties is. Hulle kan slegs opgespoor word nadat u gevra het hoe om te slaap. Somnambuliste slaap lekker, wakker het probleme om in die werklikheid te kom, praat of skree in hul slaap, soms slaap hulle.

Keuse van metode.

Dit hang hoofsaaklik af van watter menslike "materiaal" u tot u beskikking het, dit wil sê u moet bepaal watter hipnotiseringsmetode die beste vir elke persoon is, en dan kan u besluit of u gunsteling metode gebruik kan word. As hulle van die begin af na die hipnotisering wil kyk, raai ek u aan om die verhoogtegniek te gebruik - as dit moontlik is (daar is 'n geskikte persoon daarvoor).

Deur ander tegnieke te gebruik, sal u die betowering en die toeskouers se lag moet veg, en dit is 'n baie moeilike taak. Boonop lei die kykers die gehipnotiseerde af. Dit kan natuurlik vermy word deur die persoon in die privaatheid te hipnotiseer en die gehoor slegs toe te laat as hy reeds in 'n beswyming is, maar dit bederf ten minste die helfte van die pret.

As u egter besluit om 'n tegniek soos Bernheim te gebruik, moet u nie bekommerd wees oor iemand wat lag of iets dom sê nie. Na 'n paar gelag en gegiggel, sal hulle bedaar. U kan net nie toelaat dat iemand u of die gehipnotiseerde persoon vrae vra nie. Dit moet gesê word sodat daar geen insette is soos: "O ... wat doen jy , Henry?" Hypnotiseer jy Adam? Komaan, is jy doof? ... Adam, wat doen jy? ' of iets soortgelyks.

Sulke vrae kan al u pogings tot dusver bederf.

Hoe om die vertoning te kry.

Om u kollegas te bewonder, moet u hulle nie net beïndruk nie , maar ook 'n goeie tyd hê. Om dit te bereik, moet u hulle emosioneel by die pret betrek. Onthou dat kort, akute spanning of angs u laat lag en ontspan. As u dit nie glo nie, kyk na die situasies waarin mense meestal lag - bv. Vir iemand se val, vir 'n dom grap, ens. Dit is dikwels situasies wat pyn veroorsaak, en daarom word dit deur lag gelos. Daarom, deur kortstondige spanning te versamel en dit dan uit te skakel, hou u aandag aan u " aanbieding" en verbeter u die stemming van die maatskappy.

Deur die verhoogtegniek te gebruik, kan u, soos in 'n bank, seker wees dat u kollegas die skouspel met hul hele wese absorbeer, en daarom het u dit in u hand. Elke moeilike opdrag skep 'n spanning, soos of dit uitgevoer word of nie. Elke suksesvolle uitvoering van die opdrag laat die vrees verdwyn en 'n glimlag. Dieselfde reaksie word veroorsaak deur 'n gevaarlike situasie. Die verhooghipnotiseerders gebruik dit op so 'n manier dat hulle nie die gehipnotiseerde persoon neerlê nie, maar die hipnose begin terwyl hulle staan en die gehipnotiseerde persoon help, sodat dit stadig en pynloos is wanneer hy in 'n beswyming val en op die vloer val.

Onder die kykers ontstaan daar egter reeds 'n vreesaanjaende situasie: 'Aandag val!' En by die aanskouing van die waaksaamheid van die hipnotiseur verdwyn dit en bou dit vertroue in hom.

En al hierdie aspekte wat u moet gebruik, alhoewel u sou adviseer om iemand op die vloer te plant, bv. Op die kussing en slegs onderskrywe rug sodat dit saggies op die vloer gelê het.

Vir 'n groter effek is dit beter om 'n ander kussing binne bereik te hê en as u val (maar dan eers) onder die rug van die gehipnotiseerde persoon sit. Dit is die geval met verhoogtegniek.

U kan basies slegs met ander tegnieke pronk nadat u iemand hipnotiseer. Daarbenewens kan hierdie tegnieke ironies wees, en dit is nie wat u bedoel nie. Maar daar is ook voordele aan hierdie tegnieke. Dit is warmer en as u wil hê dat iemand oorgehaal moet word na ander, meer vertonings, sal dit makliker wees om hierdie tegnieke te bereik, want verhoogtegniek kan vrees wek.

Sodra die gehipnotiseerde persoon in 'n beswyming is, maak nie saak watter metode u gebruik het nie, dit is die moeite werd om die volgende stappe te neem om dit skouspelagtig te maak:

In 'n ligte beswyming.

- plaas u arm in 'n ongemaklike posisie in die lug en laat dit daar. Byvoorbeeld, onder 'n hoek van 45 grade op die grond en boonop met die ophanging van 'n relatiewe swaar voorwerp. Na 'n paar minute sal kykers agterkom dat die hand in dieselfde posisie bly, wat normaalweg abnormaal is en baie moeilik is om te doen sonder enige tekens van moegheid.

In 'n medium trans.

- . Oorsaak 'n "oordrag in tyd" Die gehipnotiseerde persoon word voorgestel dat hy is 15, 10 of selfs jonger Dit is die beste om 'n verband om 'n paar belangrike of interessante gebeurtenis uit die verlede as die gehipnotiseerde persoon het oral saam met ander teenwoordig.. By die partytjie en iets gebeur daar soos u lank onthou, is dit die moeite werd om na hierdie tydperk te verwys. Ek het byvoorbeeld een keer 'n klasmaat in die teenwoordigheid van ander gehipnotiseer. Ek het daarna verwys na 'n reis na die see waar ons as kelners by 'n vakansieoord gewerk het. ons is in hierdie sentrum, hy is gehipnotiseer met sy bene wat skop, wat veroorsaak is deur die feit dat hy eendag met warm water uit 'n bad gedompel is deur die kok wat die vloer gewas het.

So 'n gewelddadige reaksie het 'n gepaste indruk op die ander kollegas gemaak.

-om 'n post-hipnotiese voorstel in te stel. Die vertoning daarvan nadat hy die trance verlaat het, maak 'n groot indruk. Dit kan 'n opdrag wees om enige nommer of naam te vergeet, byvoorbeeld van 'n gehipnotiseerde meisie , of 'n opdrag om enige aksie uit te voer wat nie op 'n gegewe tydstip nodig is nie.

- vertel die hipnotiseur dat hy deur 'n muskiet aangeval word of dat hy 'n wesp in sy hare het.

In 'n diep trans.

- laat die bol in die botter skroef.

- bestel die sing van 'n loflied sodra die musiek vir die loflied begin speel ('n ander deuntjie speel eintlik).

- beveel dat die meisies of die meubels, ens. nie gesien moet word nie, en gebruik dit om 'n snaakse situasie te skep.

- sê vir die gehipnotiseerde persoon dat hy alleen in die kamer is en dat 'n pragtige meisie die kamer binnegaan (pas die kanon van die gehipnotiseerde skoonheid toe, as u dit weet). In plaas van 'n meisie kom 'n seun die kamer binne en lok ons misdadiger om op te tel. Die gehipnotiseerde persoon moet op die meisie reageer en die uitdaging aangaan.

- toon die geheue van die gehipnotiseerde (gee hom enige bladsy in die koerant om te lees en laat dit uit die geheue herhaal).

- As hy eens 'n vreemde taal geleer het en dit nou nie meer kan onthou nie, gaan terug na daardie tyd en vra hom om hom in hierdie taal uit te druk. - vertel hom dat suurlemoensuur suiker is en gee hom 'n bietjie te ete.

Wat moet nie gedoen word nie.

- U moenie verwaand wees nie, maar vriendelik en liefdevol.

- Moet nie die gehipnotiseerde in gevaar stel nie (bv. Deur bekentenisse, ontklee, ens.).

- Moenie die gehipnotiseerde bespot nie. Herinneringe in gedagte dat dit SITUASIE dit is bedoel om GRAPPIG te wees, nie GESPNOTISEER nie.

- Moenie verneder nie (blaf, trap onder die tafel in).

- Moenie u liggaamlike krag inspan deur te lank te druk nie

kragdemonstrasies van uithouvermoë van die gehipnotiseerd.

- Moenie die liggaam beskadig deur demonstrasies sonder pynlike verbranding nie,

steek en enige wonde toedien wat daarna kan seermaak

om uit hipnose, ens.

- Moenie ontsteld wees dat iets nie werk nie. Al het niks gebeur nie

misluk, kan u die kykers altyd daarvoor blameer

baie ontstellend .

- Moenie die vertoning te ernstig opneem nie, want dit bederf die bui.

LEER IN HIPNOSE EN SELFHIPNOSE

Voordele van leer in hipnose.

Hipnose is 'n toestand waarin die wetenskap, veral die sg geheue word baie goed deur die leerder opgeneem. Daar is gesê dat 'n gehipnotiseerde persoon van 120 tot 500 kan onthou! woorde uit 'n vreemde taal in een uur se leer. Dit hang af van die mate van hipnose en van die aanleg van die leerder. Waarom gebeur dit? Dit is waarskynlik as gevolg van twee redes:

- eerstens fokus die gehipnotiseerde persoon sy aandag heeltemal op wat hy doen, en dit het 'n groot impak op die memoriseringsproses.

- Tweedens, hipnose aktiveer onbekende geestesreserwes, wat as bonatuurlik beskou kan word, en wat in fenomenale geheue manifesteer . Hierdie geheue is so goed dat dit u in staat stel om besonderhede te herroep van gebeure in die verlede wat u miskien nog glad nie onthou het nie. Dit maak dit ook moontlik om presies te onthou wat bestel sal word, dit wil sê wat ons sal leer.

Boonop is leer onder hipnose nie swaar nie omdat daar nie 'n gevoel van tydsverloop is nie. Gedurende hierdie tyd dink u nie aan ander "interessanter" aktiwiteite wat gedoen kan word in plaas van om tyd te "mors" aan leer nie.

As ons die slegste resultaat aanvaar, dit wil sê 120 woorde per uur en 'n sessie van twee uur (insluitend 'n uur studie en die oorblywende tyd vir hipnotisering en ontspanning), kan ons 3000 woorde binne 25 dae aanleer (daar word aanvaar dat u 3000 woorde moet ken) om 'n vreemde taal korrek te kan gebruik). Teoreties kan ons dus binne 25 dae 'n vreemde taal leer. Teoreties, want om dit reg te kan gebruik, het u steeds 'n gesprek in hierdie taal en 'n intuïtiewe gebruik van grammatikareëls nodig. Die basiese probleem is egter om nie die regte hoeveelheid woorde te ken nie, en hipnose los hierdie probleem op.

Ek wil ook daarop wys dat u al in ligte hipnose kan leer, alhoewel u nie so goeie resultate sal kry as in diep trans nie. Hoofsaaklik omdat die meeste mense visuele en nie ouditiewe geheue het nie. In ligte hipnose is dit net luister, en in diepe hipnose kan u luister en lees.

Die vraag is: as dit so 'n effektiewe metode is, waarom word dit nie baie gebruik nie?

Daar is baie redes:

- waar vind u 'n hipnotiseur-onderwyser, veral 'n taalonderwyser, aangesien die meeste hipnotiseurs dokters is, en daar nie baie is nie;

- in watter skool u dit sou waag om 'n taal aan te leer in 'n situasie waarin hipnose deur die meeste mense met charlatanisme gepaard gaan ;

-en sou U dit waag om so 'n taalkursus te volg? Hoe meer dat dit nie gratis sou wees nie. Wil u nie eerder 'n tradisionele kursus volg en dit nie waag nie?

Gelukkig kan u hipnose by 'n groep kollegas aanleer , of self as u selfhipnose aanleer. Ek sou eerder aanbeveel om met twee of drie mense oor die weg te kom om mekaar aan hipnose voor te stel en die gehipnotiseerde persoon te leer.

Samevattend is leer onder hipnose voordelig omdat:

- die lesmateriaal word baie vinnig onthou .

- dit bly lank in die geheue, dit word nie vergeet nie.

- vermoei nie geestelik van die eentonigheid van die wetenskap nie.

Outo-hipnose.

Self-geïnduseerde hipnose word self-hipnose genoem.

Selfhipnose vind slegs plaas wanneer die gehipnotiseerde persoon 'n beswyming betree sonder die voorstel van 'n ander persoon. In 'n situasie waar die gehipnotiseerde persoon in 'n beswyming geplaas word as gevolg van 'n band met die stem van die hipnotiseur, het ons eintlik te make met indirekte hipnose, en nie met selfhipnose nie.

Selfhypnose kom dikwels spontaan voor, maar dit is baie moeilik om die gang daarvan te beheer en dit verg oefening. Dit is amper net so moeilik as om u eie drome te beheer.

Wanneer verskyn selfhipnose vanself? Dit is 'n algemene aandoening van vlieëniers en langafstandbestuurders . Dit gaan dikwels voor die sg aan die stuur aan die slaap raak, maar dit is nie 'n reël nie. As jy dikwels ry sonder 'n res vir 'n lang tyd, kan jy opgemerk dat soms is jy "op auto pilot" ry, as een van my kollegas het dit. Hierdie toedrag word gekenmerk deur die feit dat na die verlaat dit besef ons dat onthou regtig wat net op die pad gebeur het, of die tydsverloop nie gevoel het nie, ons verveel ons nie om te ry nie. ry in so 'n toestand is so gevaarlik dat ons aan die slaap kan raak - behalwe dat die bestuurder die volle beheer oor die situasie op die pad het, alhoewel dit 'n bietjie is "Uit".

Situasies waarin selfhypnose vanself voorkom, dui aan watter natuurlike metodes aangewend moet word om dit te veroorsaak. Dit is dus nodig om eentonige stimuli te kombineer met die staar na een of ander voorwerp om die sig te bepaal. Die ooreenkoms met meditasie kom hier voor. Persoonlik dink ek dat daar 'n baie fyn lyn tussen hulle is as daar 'n verskil is tussen selfhipnose en meditasie .

* Selfinduksie in hipnose (selfhipnose).

Daar is twee maniere om selfhipnose aan te leer. Hierdie vaardigheid kan aangeleer word deur kondisionering onder hipnose of deur selfstudie.

a) Toestand onder hipnose deur 'n hipnotiseur.

Dit is die vinnigste en maklikste manier om te leer hoe om selfhipnose te veroorsaak. Dit leer egter nie die proses om die kursus te beheer nie - dit word met ervaring opgedoen.

Ons stem saam met die hipnotiseur dat hy die post-hipnotiese prosedure gaan instel om hipnose aan te gaan. 'N Hipnotiseur sê byvoorbeeld vir u dat u gehipnotiseer sal word as u die sin self uitspreek:' Adam, as ek 'drie' sê, sal ek deur myself gehipnotiseer word, een, twee, drie. '

Dan, wanneer u uself self hipnotiseer, is dit genoeg om hierdie sin uit te spreek en onmiddellik in selfhipnose te wees. Dit is ook die moeite werd om die sein te identifiseer wat die uitgang van hipnose sal veroorsaak. Dit is ideaal dat dit 'n alarmsein moet wees. Dit is dan maklik om die tydelike moeilikheid te handhaaf.

b) Dapper leer self .

In die geval dat ons geen hipnotiseur ken nie, hoef ons net onafhanklik te leer. Die metodes van selfhipnose verskil nie beduidend van die metodes waarby die hipnotiseur aktief betrokke is nie.

In 'suiwer' selfhypnose gebruik die mens die voorheen bekende hipnotiseringsmetodes. Die meeste mense kry op hierdie stadium 'n versperring: hoe kan jy jouself beheer terwyl jy onder hipnose is?

Soos gewoonlik is daar 'n mite dat hipnose iets soos slaap is, en dat slaap nie beheer kan word nie. Maar hipnose is nie 'n droom nie. Dit is 'n ander bewussynstoestand waarin die gehipnotiseerde persoon die volle beheer van die situasie het.

Die sleutel tot die bemeestering van selfhipnose is om die vermoë te leer om 'uit die liggaam te kom'. Dit behels die skeiding van die gees van die liggaam. Dan is die hipnotiseur ons verstand. Hy sit langs ons liggaam, of 'gehipnotiseer', en gee bevele daaraan. Aan die begin sal dit moeilik wees om u liggaam se reaksies te beheer sonder om u daarmee te vereenselwig. Ek dink egter dat mense met verbeelding hierdie probleem baie vinnig moet hanteer .

U kan u lewe en leer vergemaklik deur 'n bandopnemer te gebruik. Terwyl hipnotiseurs glo dat dit nie meer selfhipnose is nie, maak dit nie saak of u doel is om kennis op te doen nie en nie om selfhipnose aan te leer nie.

As u dus 'n bandopnemer het, kan u die opdragte op die band opneem en dit speel wanneer u 'n trans gaan. Dit is belangrik om nie ontsteld te raak dat daar probleme is om die band by te hou nie. Na 'n paar probeerslae moet die reaksies ooreenstem met die snelheid van die band. U moet net geduldig wees en hierdie pogings aanwend.

Die manier van leer onder hipnose.

Die enigste verskil tussen die manier waarop u leer terwyl u wakker is en tydens hipnose, is dat u die hipnotiese toestand moet betree voordat u leer. Daarna verloop leer soos gewoonlik , met die verskil dat die materiaal wat een keer gelees word (of tot twee keer) nie herhaal hoef te word nie. Gehipnotiseerd lees hy die teks op 'n spoed wat pas by sy vermoë om dit permanent te onthou. Sommige doen dit vinniger, ander stadiger.

As u omgee vir tyd en probleme met selfhipnose het, sal hy voorstel dat u met u vriende oor die weg kom en saam leer, om op sy beurt 'n hipnotiseur, 'n onderwyser en 'n gehipnotiseerde student te wees. Eenpersone, of mense wat hul vriende wil verras, sit egter met die moeilike kuns van selfstudie.

*** Selfstudie.**

Selfstudie in hipnose kan soos volg wees:

U verbied die res van die gesin die volgende twee uur om u kamer binne te gaan of u na die telefoon te bel, skottelgoed te was, ens. U hang ook 'n kaartjie aan die deur met die relevante inligting 'GEEN TOELATING' nie - sodat iemand nie vergeet nie.

U het reeds gemoedsrus, sodat u leermateriaal kan voorberei. As u diep hipnose kan veroorsaak, berei u notaboeke of boeke voor. Al is dit net in 'n plaat, dan is dit 'n bandopnemer (dit is die beste om koptelefoon op die ore te sit, omdat dit van die omgewing afsny) Dit is belangrik dat die handleidings maklik toeganklik is en binne maklike bereik is.

Die gebruik van 'n bandopnemer het een nadeel:

Die tempo van die afspeel van opgeneemde boodskappe stem gewoonlik nie ooreen met die absorpsiesnelheid deur die gehipnotiseerde nie, dit wil sê as die band vinniger is as wat u kan, sal baie boodskappe nie geabsorbeer word nie, alhoewel dit op die band was. Op hierdie manier, as dit nie bewys word nadat u geleer het nie (ekstra tydmors), kan u uself met die antwoord of op 'n stuk papier speel. Omgekeerd, as u boodskappe stadiger speel as wat u gemoedstoestand toelaat , word tyd ook vermors. Dit is egter beter as die vorige geval.

Die spoed van die reproduksie van die leermateriaal is egter nooit optimaal nie, want op verskillende dae, en selfs op verskillende tye van dieselfde dag, sal die leervermoë hoër of laer wees. Dit hang van soveel faktore af dat dit buite beheer is. Slegs 'n tweede persoon wat die hipnose beheer, kan die beste tempo van leer instel. Wel, maar jy leer self, so hierdie moontlikheid bestaan nie.

P oordat bekendstelling in hipnose om te motiveer goeie wetenskap deur herhaalde plegtige verklarings aan enige tipe herhaal:

- Ek is bly dat ek sal leer.

- Ek geniet dit om te leer en dit kom maklik by my op.

- Leer is maklik en lekker.

- Ek sal vandag baie nuttige nuus hê. Ek sal meer kan doen as ander.

- Ek is bly oor leer.

U moet hierdie bevestigings vir (2-3 minute) herhaal.

Dit lyk miskien snaaks en simpel, maar hulle is baie effektief. U kan u eie motiverende sinne invoer . Hoe meer dit by u persoonlikheid pas, hoe meer effek sal dit hê.

Na bevestigings stel ons onsself in hipnose en ... ons leer!

In vlak trans luister ons na die band, in diepte gebruik ons alle beskikbare leermetodes, selfs in 'n vreemde taal.

AANDAG! Voordat u die beswyming verlaat, moet opdragte gegee word om die verwerkte materiaal te memoriseer.

* Kollektiewe leer.

As u 'n maat het wat kan hipnotiseer en ook hipnose wil leer, is u gelukkig . U kan 'n afspraak met hom maak om saam te studeer. In teenstelling met die leer saam terwyl hy wakker is, waar die teenwoordigheid van 'n ander persoon die meeste afleidend is, hou dit saam om hipnose te leer. Dit stel u in staat om vinnig hipnose en 'n buigsame studietydperk te betree.

Die yzer- hipnotiseur sien die vordering wat die leerder maak en kan die tempo van die boodskap vertraag of versnel, sowel as veranderlike media (mondeling of grafies, ens.) Gebruik.

Ideaal gesproke word slegs een persoon tydens een leerperiode gehipnotiseer en die ander persoon op 'n ander dag. 'N Leerstelsel waarin leerders om die beurt hipnotiseer, is nie die beste nie. Met 'n beperkte leertyd gaan te veel tyd verlore by induksie in hipnose, en situasies kan ontstaan waar die binnekoms van 'n trance-toestand byvoorbeeld twee keer tien minute sal neem en suiwer leer elk 20 minute sal neem. In so 'n situasie is dit beter om net een persoon te hipnotiseer en 50 minute daaraan te bestee en die ander persoon nog 'n dag te leer.

Die verloop van leer is soos volg:

Die hipnotiseur plaas die hipnotiseur in 'n beswyming. As die gehipnotiseerde persoon probleme ondervind met 'n diep trans, stop ons by medium hipnose. Dan word hy herinner aan aangename gebeure in sy lewe om sy welstand te verbeter en dan eers begin ons leer. Aan die begin word die materiaal wat mondelings gegee kan word, verwerk. Eers later kan u die gehipnotiseerde persoon in 'n dieper beswyming plaas, sodat die gehipnotiseerde persoon self kan loop en boeke lees. Die hipnotiseur tree dan net op as die hipnotiseur - hy is nie 'n onderwyser nie. Hierdie toedrag van sake is die beste, want die leerder kies onbewustelik die beste tempo vir leer. In so 'n situasie kan ons 100% seker wees dat die verwerkte materiaal onthou sal word .

As dit egter nie moontlik is om die gehipnotiseerde persoon in so 'n diep beswyming voor te stel nie, moet die leerling se spoed deur die hipnotiseur bepaal word. Daarom word hulle ook 'n onderwyser waarvoor hulle miskien nie behoorlik gekwalifiseer is nie, bv. Hulle kan sleg lees en sodoende woorde in 'n vreemde taal verkeerd uitspreek . Almal wat probeer het om 'n taal met so iemand te leer, weet hoe skadelik dit is.

Verder word die effektiwiteit van leer verminder as die pas daarvan deur 'n ander persoon as die leerder bepaal word.

Om onder hipnose te leer, is nie geestelik vermoeiend nie, omdat die gehipnotiseerde persoon nie die verloop van tyd voel nie. Die liggaam is egter onder die maksimum lading en daarom moet u nie te lank studeer nie. Hoeveel uur kan u studeer? Dit hang af van die welstand en vermoëns van die individu. Dit is die beste om aan die begin kort te studeer en dan die leertyd te vermeerder totdat dit blyk dat die leertyd te lank is en dat die leerder moeg is. Op hierdie manier kan die optimale leertyd bepaal word.

Voordat u hipnose verlaat, moet die hipnotiseur opdragte gee om die verwerkte materiaal te memoriseer.

STryd TEGEN VERSLAWINGS

Anders as wat voorkom, word hipnose meer gereeld deur dokters gebruik as deur verhooghipnotisore. Hulle gebruik dit om baie psigosomatiese afwykings, neuroses, alkohol-, dwelm- en nikotienverslawing te behandel.

Die faktor wat bydra tot die verbetering van die gesondheid is hipnotiese en post-hipnotiese voorstelle, sowel as die toestand van hipnose self, wat op sigself dikwels ontspannend is.

Daarom word hipnotiese transe dikwels sonder suggesties gebruik, vir ' n baie lang tyd (vir 'n paar uur) en dikwels na verwys as "hipnotiese slaap".

In baie klinieke in die Weste is hipnose een van die tegnieke wat die behandeling van alkoholisme en rook ondersteun. Het veral die woord "ondersteuning" beklemtoon omdat hulle dit gebruik het om die wil te versterk en die suggesties te ontwikkel wat hipnotiese negatiewe reflekse is wat verband hou met alkohol of sigarette, en nie as 'n noodsaaklike behandeling nie. Hy moet onthou dat almal wat slegs hipnose wil gebruik. U kan zac zac gewoond raak daaraan (veral as iemand bang is om dokter toe te gaan), maar as dit onvoldoende blyk te wees, soek professionele persone hulp.

ALKOHOLISME.

Alkoholisme word as 'n siekte beskou. Die behandeling daarvan moet onder mediese toesig plaasvind, omdat die liggaam eers ontgifting moet doen. Veronderstel egter dat iemand hulself nog nie as verslaaf beskou nie en slegs sy drank wil verminder.

Wanneer u daaraan gewoond raak, is dit die moeite werd om die hulp van 'n geliefde te gebruik om die effektiwiteit van die sessies te verhoog. En dit gaan nie oor die diepte van die trans nie, maar oor die moontlikheid om die liggaam te "programmer". Dit is beter om die gevoel van afkeer te "programmeer" deur byvoorbeeld 'n sigaret in die mond te steek as deur net opdragte.

Ons begin gewoond raak aan die verslawing deur onsself in hipnose te lei. As ons alleen is, berei ons 'n bandopnemer voor met gepaste opdragte wat op 'n band opgeneem is. As iemand ons help, gee ons die lys van opdragte aan daardie persoon. Ek sal hul inhoud hieronder aanbied. Weereens is dit nie nodig om in 'n toestand van diepe hipnose te tree om goeie resultate te behaal nie. Nadat u 'n hipnotiese beswyming veroorsaak het, laat die gehipnotiseerde persoon toe om vir 'n geruime tyd te ontspan en 'n paar minute in hierdie toestand te bly. Eers dan gaan ons met voorstelle wat daarop gemik is om 'n 'allergie' vir alkohol te veroorsaak

Gewapen met byvoorbeeld ammoniak, kan ons dit onder sy neus sit, saam met 'n glas water met 'n bietjie alkohol en 'n voorstel dat dit wodka is. Op hierdie manier sal ons 'n walglike reaksie op die reuk van alkohol ontwikkel. Ons volgende doel is om braking te veroorsaak nadat ons alkohol gedrink het. Dit is 'n drastiese doel en word slegs in uitsonderlike gevalle gebruik, dws in die geval van verslawing, en nie in die geval van misbruik daarvan nie.

In die stryd teen verslawing moet ons nie vergeet om voorstelle aan te bied wat die wil en selfdissipline van hipnotiseerders verhoog nie:

"U sal nie lus voel vir vodka drink nie" ens.

As daar 'n geleentheid is om alkohol te drink, of as kollegas u uitnooi om wodka te drink, is dit nodig om in die post-hipnotiese voorstel te bestel dat die gehipnotiseerde persoon 'n onbelemmerde dwang moet hê om terug te keer huis toe om soos iets anders te voel, of as 'n laaste uitweg om sleg te voel. Hy het gevoel. Sulke voorstelle ná hipnotiese effekte kan geleenthede om te drink baie effektief uitskakel.

Rook.

Rook van sigarette is 'n algemene gewoonte wat suksesvol deur hipnose oorkom kan word. Natuurlik is dit die moeite werd om 'n spesiale tandvleis met nikotieninhoud te kou om nikotienhonger in die liggaam te verminder , maar die grootste probleem, wat baie moeilik is om in hierdie verslawing te oorkom, is die hele rookrook. Mense wat ophou rook, weet nie wat om met hul mond en hande te doen nie. Hulle moet 'n nuwe kaart van gesigsuitdrukkings en gebare skep. 'N Kaart met geen plek vir 'n sigaret wat hulle geestelik veilig sal hou nie.

Daarom is die eerste stap in die stryd teen sigarette om 'n lys op te stel van die tipiese reflekse wat daarmee verband hou. Dit is 'n goeie idee om voor die spieël te sit en, terwyl u u verskillende tipiese, stresvolle en snaakse situasies voorstel (of onthou), moet u u gedrag deeglik waarneem. Situasies waarin dit blyk dat die sigaret 'n skerm is, moet op die lys verskyn. U kan dan sien hoe nie-rokers in soortgelyke situasies optree en gebare by hulle leen wat tydens hipnose aangeteken kan word. Daarbenewens is die doel van hipnose om 'n afkeer van sigarette te laat voortduur. Die beste resultate word verkry deur die afkeer van die reuk van tabakrook voort te sit. Ondanks voorkoms, het die mens 'n skerp reuksintuig. As iemand 'n "ou" reuk het, sal hulle sekerlik almal wegjaag, en as die reuk van sigaretrook vir iemand onaangenaam is, sal hulle sigarette vermy.

Die prosedure is soos volg:

Nadat u 'n hipnotiese beswyming veroorsaak het, plaas 'n sigaret in die mond van die gehipnotiseerde persoon en plaas 'n flessie met ammoniak onder sy neus. Op hierdie manier probeer ons 'n refleks van afkeer ontwikkel met die reuk van nikotien.

Ons ondersteun die terapie met voorstelle wat die drang na sigarette vir ander drange verander, byvoorbeeld vir tandvleis of vrugte.

Oormatige eet.

Hierdie toestand raak waarskynlik alle mense in hierdie wêreld. Sommige mense (gelukkiges!) Voel nie die gevolge daarvan nie, ten minste diegene wat meer sigbaar is soos vetsug, maar daar is ook diegene wat daarvoor betaal met hul voorkoms en gesondheid.

In hierdie geval is hipnose redelik effektief, want dit is genoeg om eetgewoontes te verander om wonderlike resultate te behaal en vergeet om vir eens en vir altyd die moeite te doen tussen periodes van eet en die daaropvolgende vas, gekombineer met wonderdiëte.

Ons begin die verandering van gewoontes deur 'n lys te maak van die belangrikste nadele van die huidige dieet, byvoorbeeld te veel sjokolade, lekkers, ens. Of 'n te vetterige dieet (geel kaas, vetterige vleis). Op hierdie manier bepaal ons watter voedsel tydens hipnose gestigmatiseer moet word.

Daar moet onthou word dat ons nie voedsel as sodanig stigmatiseer nie (dit kan tot anoreksie lei), maar slegs die individuele bestanddele daarvan. Oor die algemeen probeer ons nie die hoeveelheid voedsel wat verbruik word, verminder nie, maar wil ons die samestelling daarvan verander om gesonder en minder kalories te wees.

U kan slegs die hoeveelheid kos wat u eet verminder deur u lewenstyl te verander. As iemand 'n aktiewe en besige leefstyl voer, het hy eenvoudig nie tyd om te eet nie. Op sy beurt as hy die hele dag voor ' n TV-stel, 'n boek, ens. Sit , eet hy gewoonlik terloops. Dit is belangrik dat u iets van groente eet, en nie geregte met baie kalorieë nie.

Daarom, in hipnose, maak ons voorstelle wat u aanmoedig om groente en vrugte te eet.

Die volgende y-truuk kan gebruik word :

As ons die gehipnotiseerde persoon 'n lekker ruikende kos gee wat die gevoel van honger moet veroorsaak, bedien ons net vrugte en groente. Ons bied ook voorstelle vir die bevordering van hierdie soort kos.

Insigte en wenke

In die vroeë stadiums van hipnose-aanleer word die hipnotiseur blootgestel aan baie foute wat sy "reputasie" beskadig en wat groter gevolge kan hê. Daarom dink ek dat my advies, waarnemings en waarskuwings nuttig kan wees.

1. As u 'n man is, is dit die beste om nooit enige meisie alleen te hipnotiseer nie. U loop die gevaar om deur haar van seksuele misbruik beskuldig te word. Die ergste deel daarvan is dat sy regtig kan glo dat dit gebeur het. Mozes verloor so haar simpatie of vriendskap as u iets gemeen het.

2. Moenie tydens hipnose opdragte gee wat permanente ongesteldheid vir die gehipnotiseerde persoon kan veroorsaak nie, bv. "Jy sal nie

honger hê nie, jy sal nie honger hê nie".

3. Onthou dat sommige opdragte die teenoorgestelde reaksie op die beoogde reaksie kan veroorsaak, bv. U kan nie sê: "U voel nie u hand nie, u voel nie pyn nie ...", want dit kan die teenoorgestelde reaksie veroorsaak en organiese pyn of oorweldigende hand veroorsaak. As ons ongevoelig vir pyn wil wees, gebruik ons voorstelle soos "... nou sal u nie 'n oomblik voel as ek aan u raak nie, 'n oomblik sal u nie onaangename sensasies voel nie ...".

4. Moet nooit oortuig word om die gehipnotiseerde persoon opdragte te gee wat hom afkraak nie, byvoorbeeld om onder die tafel te blaf, uit te trek , ens., Of om geheime of intieme besonderhede uit sy lewe te haal. As u so iets doen, verloor u die respek van u ander kollegas. Selfs diegene wat jou oorreed het om dit te doen.

5. Moenie die verhoogtegniek van hipnotisering binne 'n kort tydjie (by dieselfde persoon) gebruik nie. U kan op hierdie manier vir haar 'n neurose gee.

6. As u voel dat u nie lus is om te hipnotiseer nie, moet u nie met die sessie begin nie, selfs nie as iemand sterk daarop aandring nie.

7. Dikwels kondisioneer hipnotiseurs die gehipnotiseerde persoon op een of ander slagspreuk (kondisionering deur middel van post-hipnotiese suggestie) sodat dit later makliker is om hulle in 'n beswyming te plaas. U kan dit ook doen, onthou net - hierdie slagspreuk moet so ongewoon wees dat dit in geen normale lewensituasie kan verskyn nie .

8. Moenie bekommerd wees dat u opdragte u laat lag nie. Na 'n ruk verdwyn almal se begeerte om te lag.

9. As u op 'n partytjie wil hipnotiseer en geen dinamiese tegniek kan gebruik nie, of daar geen persoon is wat geskik is vir so 'n tegniek nie,

gaan na 'n ander kamer en hipnotiseer die persoon van u keuse met 'n ander tegniek. Eerstens daarna, nooi die res van die partytjie uit om verder te speel.

10. As u 'n persoon hipnotiseer, kom ons sê bygelowig, kan u voorgee dat u 'n persoon is wat met bo-menslike mag toegerus is, maar nie voorgee dat u 'n persoon is wat nie beskikbaar is nie. Wees altyd vriendelik en simpatiek.

11. Moet nooit vrees vir hipnotiseerders toon nie. Wees altyd selfversekerd. Moet dit nie vir uself wys as u beheer oor die gehipnotiseerde verloor nie.

12. Onthou dat as u beheer oor die hipnotiseer verloor, u hom onmiddellik uit die beswyming moet haal, u kan die gewone metode gebruik of absurde bevele gee. As u misluk, en die gehipnotiseerde persoon steur hom nie, laat hom alleen en laat hom aan die slaap raak.

13. Moenie bekommerd wees as u die persoon van u keuse nie hipnotiseer nie. Kies 'n ander een of probeer 'n ander keer. Oefening maak perfek. Ook gehipnotiseer.

14. Dikwels ontken mense wat gehipnotiseer is, nadat hulle uit 'n beswyming gekom het, dat hulle in 'n hipnotiese beswyming was. Hulle beweer dat hulle dit verval. Sodoende bederf hulle die welstand en geloofwaardigheid van die hipnotiseur. As die hipnotiseerde voorstelle effektief na hipnotiese voorstelle gegee word, sal sy versekering oor die ondoeltreffendheid van hipnose pateties wees . Dit is dus altyd die moeite werd om ten minste een so 'n voorstel tydens hipnose in te voer.

15. Moet nooit 'n onderhoud stop nie. Dit is die mees algemene fout by beginners, onkundige of oormatige hipnotiseurs. Selfs 'n kort inleidende gesprek kan baie oor die gehipnotiseerde persoon vertel en dit makliker maak om 'n beswyming te veroorsaak.

16. Hou 'n notaboek waarin u al u oorwinnings, mislukkings en opmerkings neerskryf. Op hierdie manier sal u voortdurend ontwikkel. Selfs as u hipnose 'n rukkie opgee, sal u na baie jare daarna kan terugkom en alles kan onthou.